NORA la INVENTORA

y el COMPLOT de LOS duendes

Nora la INVENTORA
y el COMPLOT de los duendes

Zanna Davidson

ILUSTRACIONES: ELISSA ELWICK

sumario

¡SE BUSCA!
Nora la inventora

¿Has visto a esta niña?

¡ES PELIGROSA! Está introduciendo CIENCIA
en el país de los cuentos y debemos detenerla antes
de que sea DEMASIADO TARDE.

RECOMPENSA: 1 MILLÓN de monedas de ORO
o 1 MOCO de DRAGÓN (reconstituyente para
recargar la magia y el poder de los hechizos)

Firmado:
INSPECTORES de MAGIA y FANTASÍA

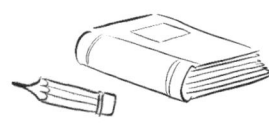

Esta es Nora

Nora quería ser...

la mejor inventora

de **TODOS** los tiempos.

Esta niña siempre había creído en la **CIENCIA** (*nunca* en la *magia*), hasta que, un buen día, un hada apareció por sorpresa en su cuarto y dijo...

Hola, soy Petalito de Alhelí, tu hada madrina.

El hada le regaló un unicornio (a pesar de que jamás había querido uno)...

y la envió al país de los cuentos (un sitio que no creía que existiera).

Desde aquel día, la vida de nuestra amiga Nora **cambió** para siempre...

CAPÍTULO UNO
EL mensaje

Nora no tenía previsto visitar el país de los cuentos aquel día. La última vez que había estado por allí todo iba de **maravilla**.

Los ogros eran felices en sus montañas,

el hada **Airada** seguía portándose **muy bien...**

y Macedonio, el unicornio, andaba muy ocupado con su nueva pasión:

LOS inventos.

"¡Tengo toda la mañana para trabajar en mi nueva **INVENCIÓN!**", pensó Nora ingenuamente.

"Quiero que quede **PERFECTA** para la gran **fiesta** de *hadas* que vamos a dar a Rosa por su cumpleaños".

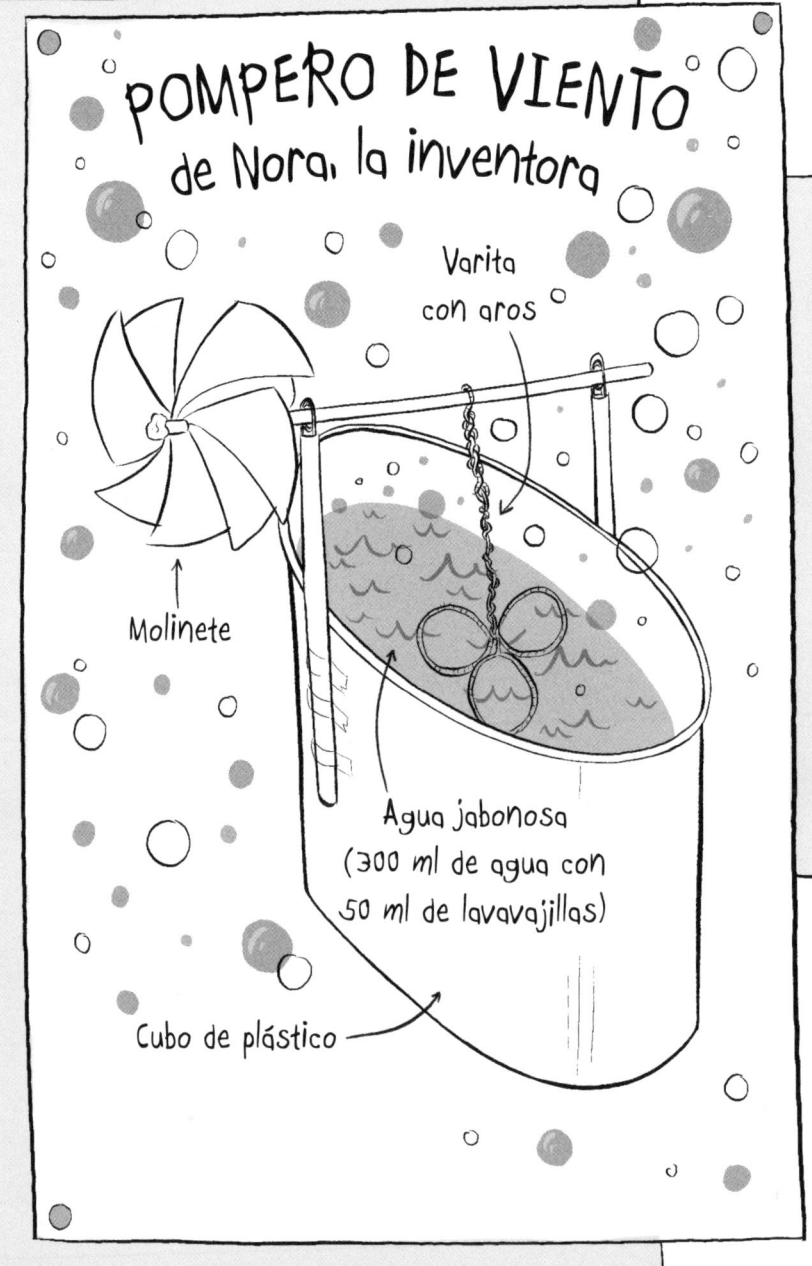

De repente, Rosa, la hermana de Nora, **irrumpió** en el cuarto.

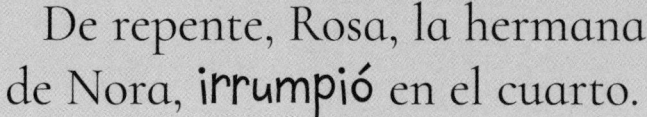

En ese preciso instante, apareció una nube de humo...

y el hada Airada y Macedonio se sumaron a las hermanas.

Ya veo que aquí NADIE llama...

"¿Ha pasado algo en el país de los cuentos?", quiso saber Nora. "¿Dónde está Petalito de Alhelí?".

> Está ocupada con una revuelta en la residencia para hadas milenarias.

> Por lo visto, se les ha acabado el bizcocho.

Detrás del hada **Airada**, Macedonio hacía señas a Nora con las pezuñas. Parecía que quisiera decirle algo, pero... ¿qué?

"Desde la última vez que estuviste", continuó **Airada** con una sonrisita extraña, "todo el mundo ha estado la mar de bien".

Blancanieves ha descubierto su amor por la electricidad...

y Verdezuela continúa viajando en el tiempo con un gnomo.

"¡Hasta la sirenita ha empezado a hablar de ciencia!", añadió con mucho énfasis *Airada*.

¡Pero si ni siquiera la conozco!

Para que veas hasta qué punto se ha extendido tu entusiasmo por la ciencia.

Por lo visto, a la sirenita se lo contó un pez...,

que lo oyó de una gaviota...,

que lo oyó de una rana...

Desde que Nora viene por el país de los cuentos, las princesas están cambiando sus historias.

"Pues bien...", continuó **Airada**, "se supone que la sirenita debe hacer un trato con la **BRUJA MARINA**. Le debe entregar su voz a cambio de dos piernas humanas, para así casarse con su príncipe".

"¡GENIAL!", celebró Nora. "Seguro que puedo ayudarla. Podría probar con un submarino para que vivan juntos bajo el mar o con un traje de buzo para el príncipe...".

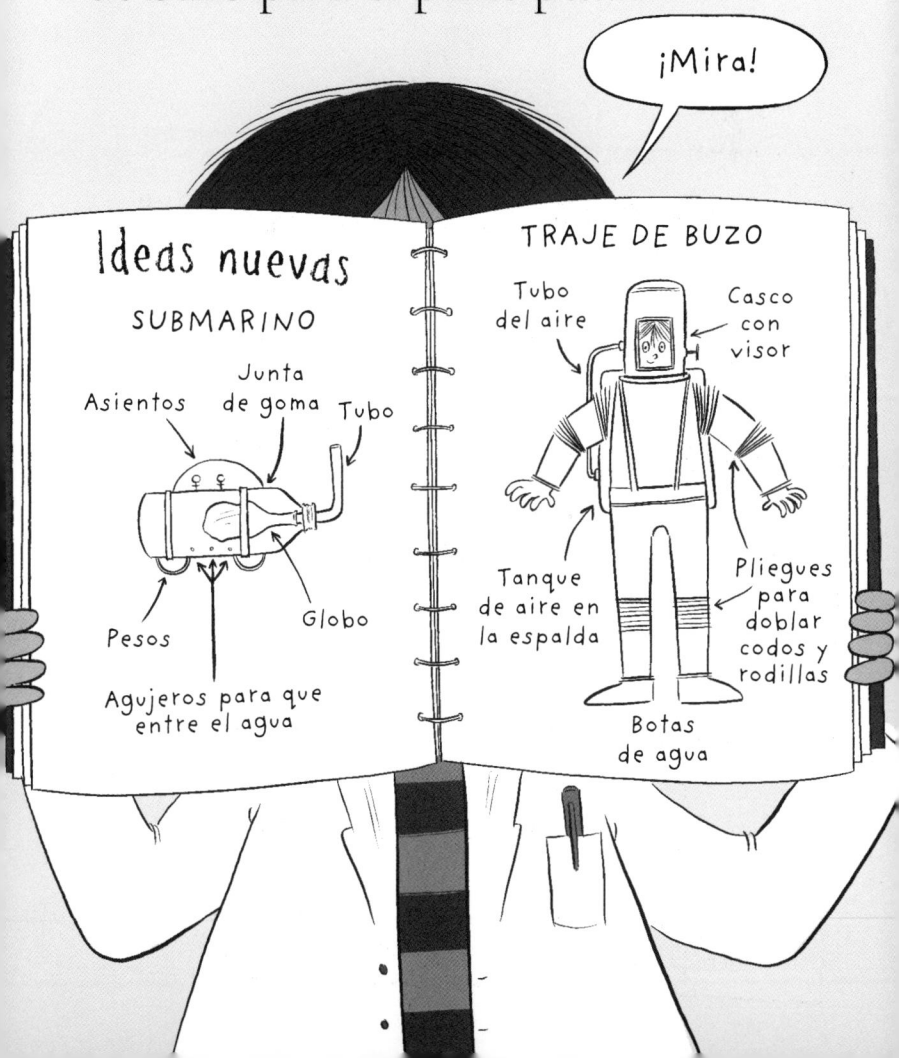

El hada **Airada** ignoró las ideas de Nora. "No hemos venido a eso **precisamente**. Queremos que nos ayudes con un concurso de magia".

CONCURSO DE MAGIA

Hoy, en la Costa de las Sirenas:

¿Quién es la criatura MÁS mágica?*

¡Ven y descúbrelo!

PRIMER PREMIO:

Pase de un día en el Salón de Belleza del Ogro, con rizado de pestañas, masaje de lodo y extracción de 9 verrugas y 5 kg de cera de las orejas (máximo)

* Se prohíbe la participación de los elfos de la escarcha debido a la que armaron en la última edición del concurso.

"Macedonio *se muere* por ganar", explicó Brenda, "para quedar bien con los otros UNICORNIOS. ¿Crees que podrías ayudarlo con algo que *parezca* mágico?".

¿Seguro que Macedonio quiere concursar?

"Macedonio está **COMPLETAMENTE** seguro, ¿verdad que sí, Macedonio?", le preguntó con una mirada severa. "Estoooo...", repuso el unicornio.

"Nora no puede ir", protestó Rosa. "¡Tiene que quedarse para mi fiesta de cumpleaños! ¡Es esta tarde!".

El tiempo transcurre a otro ritmo en el país de los cuentos.

"Verás como Nora está de vuelta en un pispás", repuso. "Recoge todo lo que necesites y síguenos, Nora. ¡Vamos, Macedonio!", dispuso con dos palmadas impacientes.

Macedonio, que no hacía ademán de marcharse, sostenía el cuaderno de Nora y, guiñándole un ojo, le señaló una de sus páginas.

¿Qué me querrá decir?

Esto es cada vez más raro. No entiendo nada de nada.

Después, entregó a Nora un trozo de papel hecho un gurruño.

Macedonio y el hada Airada entraron entonces en la nube y...

¡SE ESFUMARON!

Nora abrió el papel arrugado, pero estaba en ⬜🅱🅻🅰🅽🅲🅾⬜. Intrigada, volvió a leer la página del cuaderno de notas que su amigo Macedonio le había señalado...

RECETA DE TINTA INVISIBLE

1. Exprime el zumo de un limón. Moja un pincel fino en el zumo y escribe algo en una hoja de papel. Espera a que se seque, entre 15 y 20 minutos.

2. Acerca el papel a una fuente de calor. Pide a una persona adulta que meta el papel en el horno o que lo planche hasta que...

¡APAREZCA EL MENSAJE SECRETO!

¿CÓMO FUNCIONA?

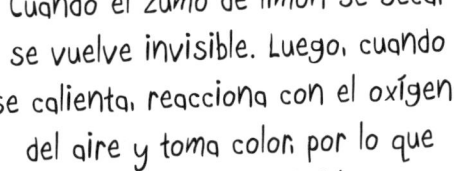

Cuando el zumo de limón se seca, se vuelve invisible. Luego, cuando se calienta, reacciona con el oxígeno del aire y toma color por lo que deja de ser invisible.

"¡Ya sé!", exclamó Nora corriendo a la cocina, donde su madre estaba horneando galletas. Le pidió que metiera el papel en el horno y, al rato, pudo leer...

NO VENGAS AL PAÍS DE LOS CUENTOS.

AIRADA HA VUELTO A LAS ANDADAS.

¡ES UNA TRAMPA!

CAPÍTULO DOS

¡Se busca!

"¿Qué hago?", se preguntó Nora. "No quiero caer en la trampa, pero ¿estará en apuros Macedonio?".

Tengo que averiguar qué está pasando.

¿Por qué no vas al país de los cuentos DISFRAZADA?

"Tengo un montón de disfraces", le dijo Rosa. "Voy a buscarlos".

"*Decididamente, de bruja*", anunció Rosa. "Te pega muchísimo".

"¿Gracias?", repuso su hermana, algo confusa, mientras buscaba en su cuaderno de notas **trucos de "magia" científicos.**

y también colorante.

Para crear electricidad estática MÁGICA, esta regla...

y una serpiente que voy a recortar en este papel.

"Tendré que consultar el mapa del país de los cuentos", pensó Nora. "En mis viajes, nunca he ido a la **costa de las sirenas**".

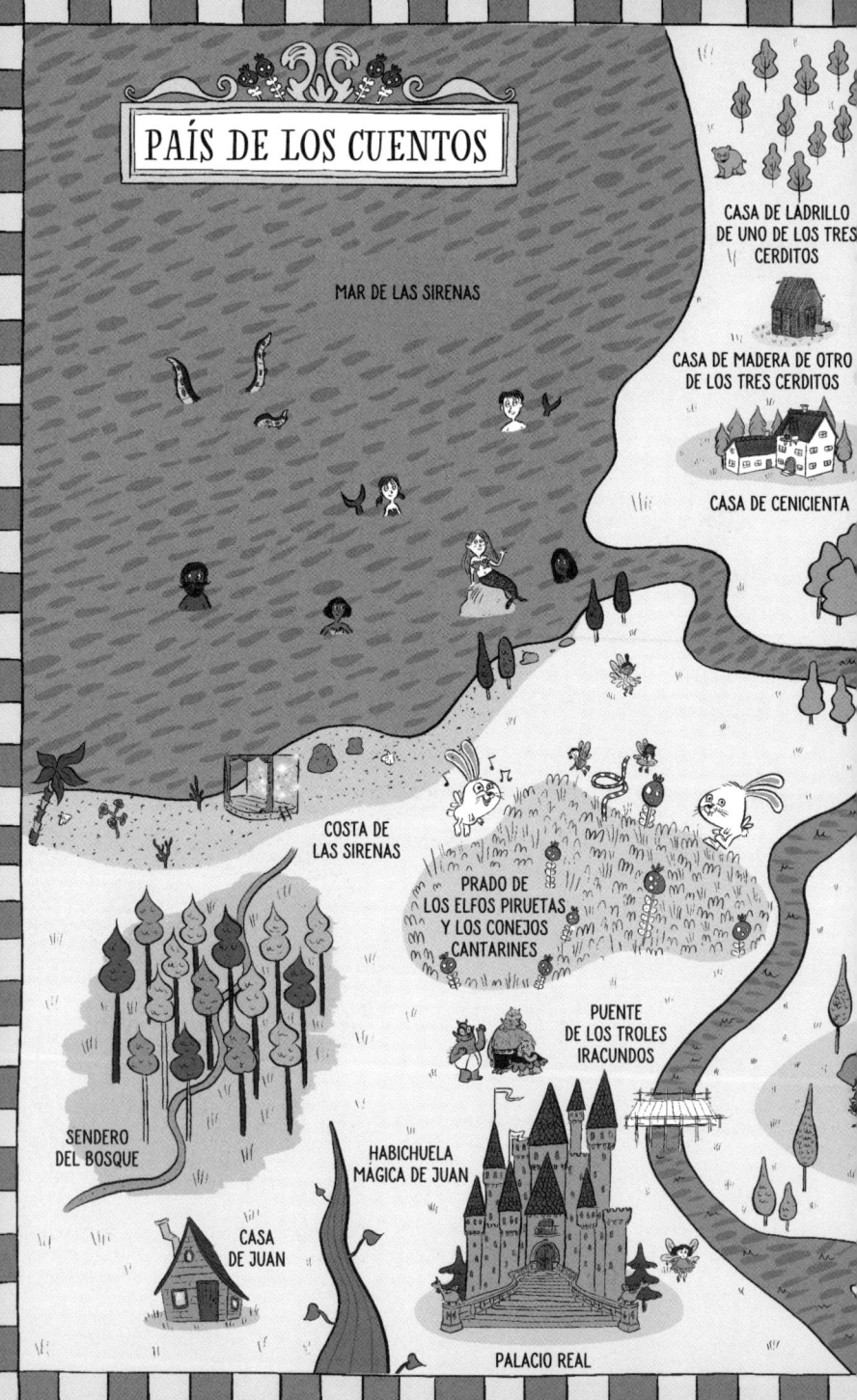

"Me gustaría acompañarte, pero tengo que preparar la fiesta. Asegúrate de que vuelves a tiempo", le pidió Rosa.

Cuenta con ello.

¡Suerte! ¡Y mucho cuidado con la TRAMPA de Airada!

Nora atravesó la nube que había creado antes Airada y entró en... ¡el país de los cuentos!

"Creo que, por suerte, he llegado al sitio correcto", pensó Nora en cuanto distinguió la playa y el mar al final del camino.

Este sendero seguro que lleva a la Costa de las Sirenas.

En cuanto emprendió la marcha, vio que la adelantaban los conejos cantarines. Nora los saludó, pero no la reconocieron. "Parece que el disfraz funciona", se tranquilizó, pero luego escuchó estos versos...

¿Qué haremos ahora?

¿Vendrá a salvarnos Nora?

Los inspectores han ideado...

un plan para atraparla sin reparo.

Nora no entendía nada de nada.
"¿De qué hablan?", se preguntó.
Justo entonces, vio este cartel...

¡SE BUSCA!
Nora la inventora

¿Has visto a esta niña?

¡ES PELIGROSA! Está introduciendo CIENCIA en el país de los cuentos y debemos detenerla antes de que sea **DEMASIADO TARDE.**

RECOMPENSA: 1 MILLÓN de monedas de ORO o 1 MOCO de DRAGÓN (reconstituyente para recargar la magia y el poder de los hechizos)

Firmado:
INSPECTORES de MAGIA y FANTASÍA

"Esta es la trampa de la que quería advertirme Macedonio", pensó Nora. "Seguro que Airada quiere la recompensa".

"Sabía que no le caía muy bien, pero no me esperaba esto... De todos modos, iré a la *Costa de las Sirenas* y veré quiénes son esos inspectores".

Cuando Nora llegó a la Costa de las Sirenas, halló a Macedonio, que parecía buscarla entre el público.

¡Hola!
¿Te ayudo
en algo?

¡Increíble!
¡Ni siquiera
me reconoce
el bueno de
Macedonio!

Nora le respondió con la voz
más de **BRUJA** que le salió.

¡Hola!
¿Te importaría
decirme quiénes son
los inspectores de
magia y fantasía?

¿Acabas de
llegar al país de
los cuentos? No sé
por qué, pero tu cara
me suena mucho.

Nora improvisó: "¡No! Vivo aquí,
pero tengo muy mala memoria
desde que me caí en la marmita
de la **POCIÓN DEL OLVIDO TOTAL**".

"¡Vaya!", se lamentó Macedonio. "Los inspectores de magia y fantasía velan por que todo el mundo cumpla **las leyes** del país de los cuentos".

Ahora buscan a mi amiga Nora porque no les gusta cómo está cambiando las cosas en el país. Les parece mal.

¿Y qué harán con ella si logran encontrara?

No sé, ¡pero nada bueno! El hada Airada me obligó a que la invitara a venir.

Macedonio rompió a llorar.
"Me dijo que, si no lograba que
Nora viniera, le pondría un hechizo
TODAVÍA PEOR".

Encima,
si Nora no viene,
haré el *RIDÍCULO*
en el concurso
de magia.

"Aunque sea un unicornio mágico,
lo único que sé hacer es purpurina
y arcoíris", siguió lamentándose.

Lo llamo mi arcoíris de la paz.

Pero no tiene ningún efecto en nadie.

Se me da muy bien bailar, pero no creo que lo tengan en cuenta.

Al ver la carita triste de su amigo Macedonio, Nora supo **enseguida** cómo iba a ayudarlo.

"Pues estás de suerte, porque soy una bruja de gran talento", repuso. "Como me caes bien, voy a ayudarte con este **concurso de magia**".

"¿De verdad?", dijo Macedonio.

"¡Claro!", confirmó Nora. "Ahora mismo te enseño un par de trucos".

CAPÍTULO TRES
EL concurso de magia

Macedonio estuvo ensayando con la ayuda de Nora. Cuando volvieron a la playa, el **concurso de magia** estaba a punto de empezar.

El hada Airada se les acercó.
"¿Has visto a Nora?", preguntó.
Macedonio negó con la cabeza.
"Pero tengo una amiga nueva".

¿Cómo te llamas?

Soy la bruja Burbuja.

"¡Uf!", repuso el hada Airada, claramente decepcionada.

Mientras tanto, un oso se había subido al escenario.

"¿Quién es ese?", preguntó Nora.

"Esa poción del olvido era potente de verdad, ¿no?", observó Macedonio. "Pues es el osito de Ricitos de Oro, el pequeñín".

Buenas tardes, brujas, duendes, hadas, ogros y otros seres fantásticos.

¡Os doy la bienvenida al concurso!

48

"El hada Ciruela será la primera en subir al escenario", anunció el osito. "¡Vamos allá, Ciruela!".

El hada pidió que saliera un príncipe.

Dando un rápido toque de varita, lo convirtió en **RANA**. Nora se quedó boquiabierta.

¡Croa!

Sin embargo, el público empezó
a **abuchear** a Ciruela. "Eso ya lo
hemos visto cien veces", protestaban.

"A continuación, os presento al brujo Pantuflo, que va a tratar de encantar una escoba", prosiguió el osito.

Abracadabra, pata de cabra, haz que esta escoba solita barra.

¡Socorro!

Eso sí que es mala pata, Pantuflo.

"A ver si al próximo concursante le va un poco mejor...".

¿Ese truco no lo sabes? Vaya. En fin, no creo que tropieces dos veces con la misma piedra. ¡Ja, ja!

"Ahora van a subir al escenario Macedonio, el unicornio, y la bruja Burbuja", anunció el osito. "Todos sabemos que Macedonio no destaca por sus dotes *mágicas*...".

Al oír esto, el público rompió a reír.

A pesar del temblor de patas,
Macedonio se dispuso a mostrar
los trucos que había aprendido.

55

Antes
de que
empezara
la segunda
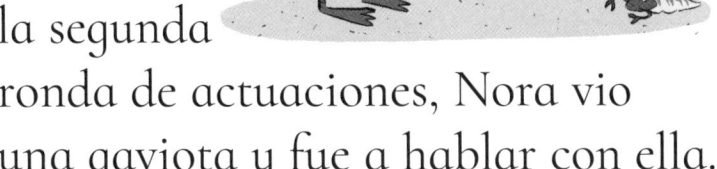
ronda de actuaciones, Nora vio
una gaviota y fue a hablar con ella.

¡Hola!
¿Conoces a
la sirenita?

¡Craaa!
¡Pues claro!

Nora sacó sus **ideas de inventos** para la sirenita y se las entregó a la gaviota.

¿Podrías decirle a la sirenita que estas ideas le servirán para estar con su príncipe?

¡Así no tendrá que renunciar a su voz para entregársela a la bruja marina!

Nora volvió junto a Macedonio para seguir con el **concurso**.

"¡Burbuja, solo quedamos Ciruela y yo!", anunció Macedonio. "El brujo no ha vuelto y el duendecillo sigue convertido en piedra".

El osito regresó al escenario para anunciar el comienzo de la segunda ronda.

¡Todos atentos! Hada Ciruela, ¿estás lista?

Ciruela lanzó una mirada furiosa
al gato con botas y lo apuntó con
su varita mágica...

"Ciruela, esto que acabas de hacer va a contar como tu segundo truco", intervino el osito. "**Las reglas son las reglas**".

El hada Ciruela estaba **IRACUNDA**, pero no había nada que hacer.

"Macedonio, te toca", prosiguió el osito. "¿Crees que podrás hacer ahora un truco que esté a la altura del que ya nos enseñaste?". Macedonio miró a su amiga...

¡Te va a salir fenomenal!

Macedonio tomó la regla de Nora y se frotó la panza con ella.

Luego agarró una serpiente de papel. "¡Fijaos en esta serpiente!", ordenó con voz **dramática**.

Voy a hacer que se mueva.

En cuanto Macedonio le acercó
la regla, la serpiente se levantó.

"Ya solo queda la última ronda",
anunció el osito. "Tiene que ser
algo que hayáis conjurado antes".

He hecho unos zapatos de cristal.

¿Zapatos de cristal? ¡Eso ya está muy visto!

Yo he metido un arcoíris en un tarro.

¡Guay!

64

"Ahora votaremos para elegir ganador", dispuso el osito. "¿Quién será? Alzad manos y patas quienes queráis votar por Ciruela: ¡15 votos! ¿Y por el unicornio?".

¡30 votos! ¡El ganador es MACEDONIO!

"¡Qué honor!", exclamó Macedonio. "Gracias, Burbuja. Jamás lo habría conseguido sin tu ayuda".

Nunca había ganado nada en mi vida... Ojalá estuviera aquí Nora para verme.

En ese justo momento, sucedieron dos cosas a la vez...

Los inspectores de magia y fantasía salieron de detrás de una roca...

¡Yuju!

¡CHAS!

y una gigantesca **BRUJA MARINA** surgió enfurecida de las aguas al grito de...

¡NORA LA INVENTORA ESTÁ AQUÍ!

CAPÍTULO CUATRO
La bruja marina

"¿Estás segura?", preguntaron
los inspectores muy sorprendidos.

"¡Ya lo creo!", repuso la bruja.
"Me han avisado mis espías".
Dicho esto, empezó a olisquear
de un lado a otro.

¡Aquí huele
a CIENTÍFICA!
¡Una científica
NADA MÁGICA!

De pronto, uno de sus tentáculos
salió disparado y agarró a la pobre
Nora por los pies.

Nora perdió
el gorro,

la capa,
la peluca...

y la nariz
de bruja.

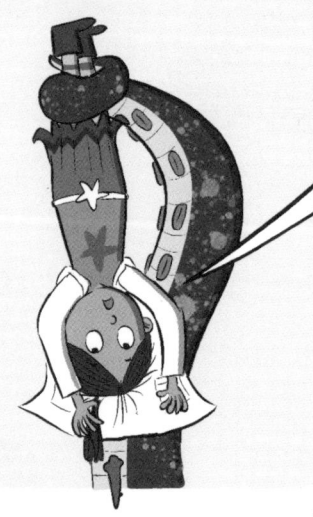

¡Ahí va!
¡Me han
descubierto!

"¡Es Nora!",
exclamaron
todos a coro.

¡Nora!
¡Así que
eras tú!

"¡Al fin es nuestra!",
celebraron los inspectores.

"¡De eso nada! ¡NORA ES MÍA!",
repuso la bruja marina.

Pretende echar
por TIERRA mi cuento
y no pienso permitirlo
por nada del mundo.

"¡SUÉLTALA!", exigió otra voz.

La bruja marina
giró la cabeza
y se encontró
con la sirenita,
que la miraba con
ojos enfurecidos.

En vez de soltar a Nora, la bruja marina cazó a la sirenita con otro de sus largos tentáculos.

"Nos tienes que entregar a Nora", le exigió uno de los inspectores. "¡Nosotros nos la pedimos antes!".

Con un suspiro de resignación, la bruja marina las lanzó a la orilla.

"¿Qué llevas ahí en las manos?",
preguntaron los dos inspectores
a la sirenita.

La sirenita les enseñó las ideas
que le había dado Nora.

Más ciencia,
como nos temíamos.
Esto ha llegado
demasiado lejos.

El inspector número 1, un duende
muy seco, se dirigió entonces a Nora.
"Si no me equivoco, niña, el concurso
se ha ganado con **ciencia**, no magia".

"Aprovechamos la ciencia para *hacer* magia", se defendió Nora.

"Esa disculpa no nos convence", intervino la inspectora número 2. "¡Quedas **expulsada** para siempre del país de los cuentos!".

¡Fenomenal! Entonces, ¿la recompensa es mía?

¡Por fin me haré con un moco de dragón!

Macedonio quiso ir con Nora, pero los inspectores lo retuvieron.

"¡No podéis expulsar a Nora!", sollozó con indignación. "¡Nora es la **MEJOR AMIGA** del mundo!".

Vino a ayudarme aun sabiendo que era una trampa y corría un gran riesgo.

Ley 346

Es posible que
llegue un día en que nadie
quiera leer cuentos.

En su lugar,
la gente se enamorará
de aparatos modernos
y de una cosa muy nueva
llamada "ciencia".

Sabréis que ha llegado
ese día cuando las propias
criaturas mágicas prefieran
la ciencia a la magia.

Y cuando eso suceda,
no tendréis alternativa…

"Todos sabemos qué significa",
añadió el inspector número 1.

"¡Pues yo no!", exclamó Nora.
"¿Qué significa? ¿Qué va a pasar?".
El inspector número 1 carraspeó
antes de seguir leyendo.

Cuando eso suceda,
el país de
los cuentos
deberá
cerrarse
a cal
y canto.

CAPÍTULO CINCO

¿Esto acaba así?

Se produjo un silencio sepulcral.

¿Y por qué no expulsáis a Nora y me dais mi recompensa?

"Eso era lo que **pensábamos** hacer", confesó el inspector número 1, "pero hemos visto que el **DAÑO** al mundo mágico es mucho mayor de lo que creíamos".

"Todas estas **cosas científicas** demuestran que nadie quiere que existan ni los cuentos ni la magia", se lamentó la inspectora número 2.

El lobo feroz se echó a llorar muy compungido y un cerdito tuvo que ir a consolarlo.

El duendecillo que se había convertido en piedra volvió a su forma anterior, pero parecía confundido.

"Si se cierra el país de los cuentos, ¿adónde iremos?", preguntaron luego los troles. "¿Y debajo de qué puentes vamos a vivir?".

¿Y qué será de mi sopa? Ya la dejé servida en el plato.

Pues seguro que se va a quedar FRÍA.

"Según tengo entendido, en otros países los osos ni siquiera viven en casas", apuntó el osito. "No quiero vivir en el bosque".

"¿Eso significa que me tiene que adoptar un humano?", protestó el gato con botas.

Hasta la bruja marina estaba hecha un mar de lágrimas. "Daría mi propia voz por quedarme aquí".

Los dos inspectores de magia y fantasía guardaron el pergamino. "No hay nada que hacer. Tenemos que salir **ANTES DE LA PUESTA DEL SOL**".

Aquello ya parecía un corro de plañideras cuando el hada Petalito de Alhelí apareció de pronto entre una nube de estrellitas.

¡Estos duendes inspectores quieren cerrar el país de los cuentos!

Eso me han dicho... Habría venido antes, pero me ha tocado atender una urgencia bizcochera.

La culpa es mía, por traer tanta ciencia al país de los cuentos... ¡Lo siento!

87

"Nora, tú siempre has ayudado a los habitantes de este país, cuyas vidas han mejorado mucho gracias a la ciencia", intervino Petalito de Alhelí. "El problema lo tienen estos inspectores que odian el progreso".

"Las leyes del país de los cuentos están ahí para cumplirse", insistieron los muy gruñones de los inspectores. "Tú no puedes impedirlo, Petalito".

"¡Ja!", se jactó el hada con cara
de satisfacción.

Yo todavía
no he pedido
mi deseo.

¿De qué hablas?

De la ley 347
del país de
los cuentos.

"Nadie tomará ninguna decisión
importante para el país de los cuentos
sin que se le otorgue antes un deseo
a un **hada buena**", recitó de memoria.

Luego se volvió al hada Airada. "Eso te descalifica, por cierto, que sé lo que has estado tramando".

Los inspectores revisaban palabra por palabra su pergamino de leyes.

"Parece que el hada tiene razón",
farfulló al fin el inspector número 1.
"**Hay** que concederle un deseo por
fuerza, pero no puede ser salvar
el país de los cuentos", matizó.

Entonces...
¿Qué deseo vas
a pedir?

Nora se dio cuenta de que el hada
Petalito de Alhelí no tenía ni la más
mínima idea de qué pedir
para arreglar aquel gran entuerto.

Nora pensó a toda prisa antes
de susurrar algo al oído de su hada
madrina, que sonrió de inmediato.

Deseo que, antes
de cerrar el país de
los cuentos, los inspectores
vayan a una fiesta
de CUMPLEAÑOS.

"Así comprobaréis que los niños y las niñas disfrutan de la magia y los cuentos de siempre *tanto o incluso más* que de la ciencia", declaró el hada.

No tenemos más remedio que concedértelo...

¡Pero no creas que vamos a cambiar de opinión!

"Eso ya lo veremos", repuso
el hada y, con un golpe de varita,
conjuró una nube de estrellitas.

Nora pensó que era también
una gran oportunidad para dar
a Rosa la mejor fiesta de su vida.

"¡Vamos **todos**!", sugirió de pronto,
ya a lomos de Macedonio.

¡Venga!
¡Seguidnos!

Y **todos** se dirigieron a la nube.

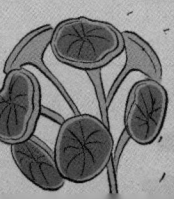

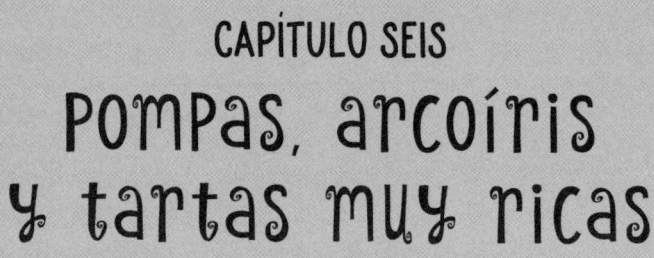

CAPÍTULO SEIS

POMPAS, arcoíris y tartas muy ricas

Justo al otro lado de la nube de estrellitas estaba el cuarto de Nora, que enseguida quedó abarrotado con ogros, brujas, hadas y dos duendes gruñones.

Los inspectores se quedaron
de piedra al llegar al jardín.
"¿Son todos invitados del país
de los cuentos?", preguntaron.

"No, es la fiesta de mi hermana", dijo Nora. "¡Van todos disfrazados de PERSONAJE de cuento!".

"¡NORA!", exclamó Rosa emocionada. "¡Has llegado a tiempo y has venido con **amigos**! ¡Qué bien!".

Los amigos y amigas de Rosa ya habían formado un corro alrededor de un grupo de ogros.

"¡Son enormes! ¡Y tan verdes!".

"Y eso de ahí es ¡**un unicornio**!".

"¿Y esto, Nora?", se sorprendió su madre al ver a Macedonio.

"Es solo un burro disfrazado", tuvo que improvisar Nora. "Creo que ha sido idea de papá".

¡IIII-OOO!

Mientras los inspectores se daban un paseo por la fiesta, Nora montó su pompero de viento.

Al minuto, un millón de pompas de jabón flotaban por el jardín.

¿Lo veis?
A todo el mundo le siguen gustando los cuentos.

"Parece que esto se me escapa de las manos", pensó Nora. Quiso buscar entonces a Petalito, pero parecía haberse esfumado.

"¡Ya sé!", repuso Macedonio. "¡Voy a lanzar un arcoíris de la paz!".

La verdad es que nunca ha funcionado. Los ogros ni se fijan en él.

A los duendes les horroriza.

"Pero ¡nunca se sabe!", decidió, y con una sonrisa de oreja a oreja, se plantó en medio del jardín y se puso a dar vueltas y vueltas.

Del cuerno salió de pronto
un arcoíris precioso que
lanzaba destellos.

"¡Mirad!", exclamó Nora para que se fijaran los inspectores. "Hasta los adultos han dejado el móvil para contemplarlo".

No podéis cerrar el país de los cuentos para obedecer una de sus leyes.

Pensaba que, como científica, sabrías la importancia que tiene respetarlas.

Pero las leyes científicas cambian.

La Tierra no es plana, como se creía...,

¡y tampoco está justo en el centro del universo!

"Si las leyes científicas cambian", sentenció Nora, "también pueden cambiar las del país de los cuentos".

"A lo mejor nos hemos precipitado **un poquito**", reconoció el inspector número 1. "Aún no es *imprescindible* que cerremos el país de los cuentos".

La inspectora número 2 quiso añadir algo. Nora entendió algo así como *"todavía no"*.

Pofafifano.

Entonces, no expulsaréis a Nora, ¿verdad?

Ojalá la expulsen a pesar de todo.

"Está bien, Petalito de Alhelí",
repuso al fin el inspector número 1.
"Os concederemos lo que nos pedís,
pero de aquí no nos marchamos
sin la receta de la tarta".

¡Trato hecho!

En cuanto los inspectores cerraron
el trato, Petalito de Alhelí anunció
a viva voz para que todos la oyeran:

113

Mientras el tropel de duendes, ogros y demás criaturas fantásticas entraba en la nube de estrellitas, Petalito se volvió hacia Nora.

"¡Salvamos el país de los cuentos!", declaró. "Desde ahora, las princesas de los cuentos podrán hacer uso de la **ciencia** para crear sus propias historias y hacer oír su voz".

¡Somos geniales!

La tarta creo que también ayudó lo suyo.

"¡Enhorabuena, Nora!", la felicitó su gran amigo Macedonio.

"Gracias por el arcoíris", dijo Nora. "Sin él, no lo habríamos logrado".

Lo que más me gusta de ti, Macedonio, es que nunca pierdes la esperanza.

Petalito de Alhelí y Macedonio se despidieron para regresar al país de los cuentos con los demás.

"¿Qué ha pasado?", preguntó el padre de Nora al volver.

Parece que se han marchado muchos invitados de pronto.

"Me han dicho que os dé las *gracias* de su parte", contestó feliz Nora. "Esta fiesta ha sido muy especial para todos ellos".

116

"¿Te lo has pasado bien, Rosa?",
preguntó luego Nora a su hermana.

"¡Me has dado la **mejor** sorpresa
de cumpleaños de mi vida!", le dijo.
"¡Un pompero y un unicornio!".

Esa noche, después de ayudar
a recoger, Nora se fue a la cama
con el cuento de *La sirenita*.

"¿Cómo
terminará
ahora?",
se preguntó
al llegar a
las últimas
páginas.

La sirenita

"Quiero reunirme con mi príncipe", anunció convencida la sirenita.

"Para eso necesitas PIERNAS", repuso la bruja marina. "Dame tu voz y, a cambio, te prepararé una poción mágica especial que te convertirá en humana".

"¡No quiero quedarme sin voz por nada del mundo!", replicó la sirenita. "Tiene que haber OTRA SOLUCIÓN".

Decidida a no rendirse, la sirenita trabajó día y noche hasta que inventó un submarino especial.

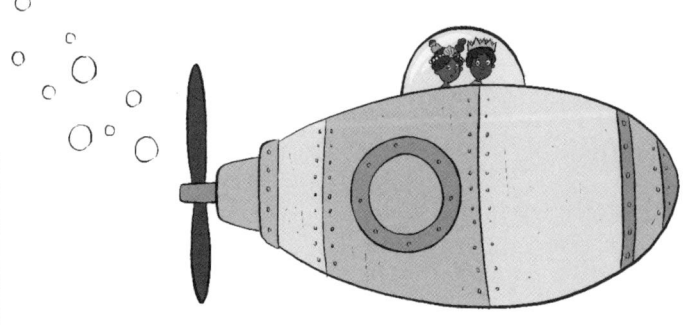

La sirenita

Con él, y ya juntos para siempre,
la sirenita y su príncipe surcaron felices
los siete mares.

Todos estaban contentos ahora, incluida
la bruja marina, que abandonó sus planes
malvados para dedicarse a su nueva pasión:
la repostería.

La única que seguía
enfadada era Airada.
"¡Al final, yo me quedé
sin el moco de dragón!",
protestaba a gritos.

"¡Airada!", exclamó Petalito de Alhelí.
"¿Qué haces aquí? ¡Este no es tu cuento!
¡Te has colado sin permiso!".

"Y me voy a seguir colando hasta que
me des mi moco de dragón", la amenazó.

La sirenita

"Pues lo siento mucho, Airada, pero no tengo más remedio que expulsarte del país de los cuentos", contestó Petalito.

"¡¿Cómo?!", exclamó el hada malvada. "Pero ¿adónde me vas a mandar?".

"Con Nora. Te vendrá muy bien pasar una temporada con ella", decidió Petalito de Alhelí. "A ver si aprendes algo bueno y cambias de actitud".

Fin

Horrorizada, Nora se volvió hacia la mesita de noche y se dio cuenta de que sus **temores** se habían hecho realidad.

El encantador de serpientes

1. Coloca un plato pequeño sobre un papel de seda y traza el contorno. Recorta el círculo y dibuja dentro una espiral.

2. Pinta con rotulador una línea en zigzag para hacer la serpiente y añade los ojos. Recorta la espiral.

3. Frota una regla de plástico con fuerza y vigor durante 30 segundos contra un jersey (de lana, si es posible).

4. Toca la cabeza de la serpiente con la punta de la regla y levántala poco a poco.

Al frotar la regla contra la lana, se acumula **electricidad estática**. La carga eléctrica acumulada en la regla atrae el papel de seda y logra levantarlo.

124

El agua que no cae

1. Llena un vaso de agua casi hasta el borde. Tápalo con un cuadrado de cartulina, que deberás apretar contra el vaso para que no se mueva.

No conviene que la cartulina sobresalga mucho del vaso.

Llénalo casi hasta arriba.

La fuerza del agua empuja hacia abajo.

La presión del aire empuja hacia arriba.

2. Sostén la cartulina mientras vuelcas el vaso y luego suéltala muy poco a poco. Debería quedarse en su sitio, ya que la fuerza del agua que empuja hacia abajo es menor que la del aire que empuja hacia arriba.

* Es preferible realizar este experimento en la calle o sobre un lavabo o bañera, por si las moscas.

Arcoíris en conserva

1. Pon 4 cucharadas de agua en un vaso alto y añade unas gotas de colorante alimentario.

2. Añade 4 cucharadas de aceite y otras 4 de miel líquida o sirope de agave.

El agua, el aceite y la miel o el sirope se separan por capas.

Aceite (menos denso), arriba

Agua y colorante

Miel o sirope (más denso), abajo

Construye un pompero de viento

Materiales:

• Recipiente de plástico de 1 litro de capacidad y unos 13 cm de ancho • 3 limpiapipas • 2 pajitas (de 19,5 cm de largo como mínimo) • cartulina • 2 clips sujetapapeles • cinta adhesiva • 1 lápiz de cera • pegamento • masilla adhesiva • agua jabonosa (ver página 11)

Instrucciones:

1. Corta un cuadrado de cartulina de 20x20 cm y coloréalo con ceras. Traza dos líneas en diagonal y recorta por las líneas desde cada esquina sin llegar al centro.

2. Dobla hacia el centro las esquinas señaladas con una equis, sin marcar los dobleces, y pégalas.

3. Haz un agujero en el centro con un lápiz e inserta en él una pajita. Pégala con masilla adhesiva.

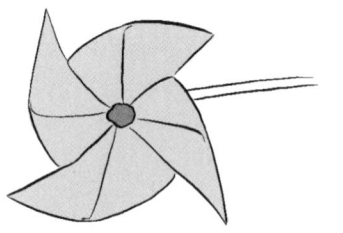